Elisabeth Baldes

KERAMIK
GESCHENKIDEEN

Brunnen-Reihe

Christophorus-Verlag Freiburg

Liebe Töpfer,

bevor Sie anfangen, in diesem Büchlein zu lesen, haben Sie wahrscheinlich darin geblättert und sich die Abbildungen angeschaut.

Manch einem wird das schon reichen, um neue Anregungen und Ideen zu bekommen, weil ihm diese Art, Ton zu verarbeiten, nicht fremd ist.

Haben Sie aber noch wenig Erfahrung im Umgang mit Ton, so werden Sie auch die Arbeitsanleitungen lesen wollen, wenn Sie die abgebildeten Gegenstände nacharbeiten möchten.

Ich habe mich bemüht, die Arbeitsabläufe gut verständlich zu erklären. Wenn Sie sich genau daran halten, müßte eigentlich alles gelingen.

Bei Anfängern werden die Arbeiten noch ein wenig grober und vielleicht ein bißchen krumm sein, aber das wird sich mit etwas Übung ändern.

Ich habe hiermit versucht, meine Art zu arbeiten zu beschreiben. Das heißt nicht, daß nur diese Art möglich ist. Vielleicht finden Sie Ihre eigene und damit bessere Arbeitsweise.

In jedem Fall wünsche ich Ihnen viel Spaß und Erfolg!

E. Baldus

2

Material

Ton

Ton wird in verschiedenen Farbtönen in 10-kg-Packungen im Fachhandel angeboten. Er ist frei von Luftblasen und Unreinheiten, muß also nicht mehr durchgeknetet und geschlagen werden.

Wird der Ton in Plastik gut verpackt und kühl, aber frostsicher aufbewahrt, bleibt er lange formbar.

Zu hart gewordene Tonmasse läßt sich, in feuchte Tücher eingewickelt und mit Plastik verpackt, wieder knetfähig und dadurch brauchbar machen.

Engobe

Engobe wird aus Tonpulver und Wasser gewonnen und zur Bemalung verwendet. Sowohl feuchter, lederharter als auch geschrühter Ton kann damit dekoriert werden. Im Fachhandel werden Engoben auch mit Zusatz von färbenden Metalloxiden angeboten.

Das Pulver wird so lange mit Wasser angerührt, bis die Flüssigkeit eine sahneähnliche Konsistenz erreicht hat. Zum Auftragen der Farbe wird ein Pinsel verwendet.

Am besten bemalen Sie Ihre Tonarbeit, solange sie noch feucht ist.

Unterglasurfarben

Die Farben werden in Pulverform, flüssig in Töpfchen oder in Näpfchen, ähnlich den Wasserfarben, angeboten. Nach dem Schrühbrand der noch rohen, unglasierten Tonware wird die Farbe mit dem Pinsel aufgetragen.

Glasuren

Sie werden im Fachhandel in unzähligen Mengen angeboten. Zum Teil sind sie schon gebrauchsfertig in flüssigem Zustand, dann aber meist recht teuer. Glasuren in Pulverform werden mit Wasser angerührt und anschließend mit einem dicken Pinsel durch ein Haarsieb gestrichen. Im Glas oder einem verschließbaren Eimer lassen sie sich lange aufbewahren.

Heizdraht

Heizdraht ist ein Draht, der hohe Hitze aushält. Man kann ihn meterweise im Fachhandel kaufen.

Hilfsmittel

○ Zeitung als Unterlage
○ kleine Stabbatterie, 13 mm Durchmesser für Kerzenlöcher
○ verschieden dicke Pinsel
○ Stricknadel, Stärke 3,5
○ Wellholz, Küchenmesser, Gabel, Flaschendeckel
○ Bretter
○ Heizdraht
○ Spachtel
○ Gegenstände zum Beschweren (damit sich der Ton beim Trocknen nicht wellt)
○ Kleber (Zweikomponenten-Kleber)

Technik

Für alle in diesem Heft vorgestellten Arbeiten sind die Hände das wichtigste Werkzeug. Sie geben der Tonmasse Form und das individuelle Aussehen.
Die meisten Hilfsmittel befinden sich sicher alle in Ihrem Haushalt. Die einzige Ausnahme ist der Heizdraht, der eine Temperatur von 1050° C aushalten muß.
Als Arbeitsplatz eignet sich der Küchentisch.

1.

Die gebrauchsfertige Tonmasse, wie ich sie am liebsten verarbeite, ist relativ weich. Durch diese Geschmeidigkeit kann nun mit der Arbeit begonnen werden. Wichtig ist, daß niemals Luft in den Ton eingeschlossen wird, da dadurch die Arbeit beim Brennen zerspringen würde. Der weiche Ton hat auch den Vorteil, daß Sie selten Schlicker (in Wasser aufgeweichter Ton) verwenden müssen.

Ist Ihr Ton eher etwas trocken, so verwenden Sie Schlicker als "Kleber". Um die einzelnen Teile miteinander zu verbinden, streichen Sie dazu etwas von der aufgeweichten Tonmasse auf Stellen, die zusammengefügt werden sollen.

Auswellen, Flachklopfen und auch das Trocknen geschieht immer auf mehrlagigem Zeitungspapier. Damit die Zeitung nicht anklebt, ist es nötig, die obere feucht gewordene Seite öfter zu entfernen oder die Zeitung ganz auszuwechseln.

2.

Alle Gegenstände müssen gut getrocknet werden. Das dauert je nach Stärke des Tons, aber auch je nach Luftfeuchtigkeit und Raumtemperatur, verschieden lange. Achten Sie darauf, daß Ihre Arbeit nicht zu schnell trocknet. Dabei könnte sie sich verformen oder sogar, bei größeren Gegenständen, Risse bekommen.

3.

Der Schrühbrand erfolgt bei leicht ansteigender Temperatur, bis er 950° C erreicht hat. Dieser Vorbereitungsbrand des noch sehr empfindlichen Tongegenstandes dauert mindestens fünf Stunden. Brennt man ausschließlich nur ganz kleine Gegenstände, kann man die Zeit eventuell reduzieren.

4.

Beim Glasieren müssen Sie darauf achten, daß die Glasur immer gut aufgerührt wird, weil sich die schweren Bestandteile vom Wasser absetzen. Wenn es möglich ist, tauchen Sie die zu glasierenden Flächen in die Glasurflüssigkeit ein. Die Standfläche darf mit der Glasur nicht in Berührung kommen. Falls dies doch einmal passieren sollte, muß die Glasur in jedem Fall sorgfältig von der Standfläche entfernt werden, denn sonst backt Ihre Arbeit auf der Bodenplatte fest.
Wenn Sie die Unterseite ebenfalls glasieren wollen, müssen spezielle Brennfüßchen daruntergesetzt werden.
Glasierte Tonarbeiten werden bei 1050° C ein zweites Mal gebrannt.

Bis auf zwei Arbeiten, "Hahn und Huhn" aus rotem Ton und der "Blumenliesel", sind alle hier vorgestellten Tongegenstände glasiert.

Auf der nebenstehenden Abbildung finden Sie die benötigten Materialien und Hilfsmittel. Hier noch einmal die wichtigsten:

- ○ weißer Ton, unschamottiert
- ○ roter Ton, grob schamottiert
- ○ brauner Ton, unschamottiert
- ○ Engobe
- ○ Unterglasurfarbe
- ○ Glasur, transparent glänzend
- ○ Glasur, farbig

Weinkühler
Abb. 1. Umschlagseite

Material

Roter, grob schamottierter Ton

Hilfsmittel

Großes, flaches Brett
Zeitung
Wellholz
Küchenmesser
Gabel
Pinsel
Flaschendeckel
Lineal
Tischränderscheibe oder umgedrehter Topf

Anleitung

Für den Boden rollen Sie in den Händen eine Kugel, legen sie auf den mit Zeitung belegten, drehbaren Untersatz und klopfen sie gleichmäßig flach. Der Boden sollte etwa 1 cm dick sein und einen Durchmesser von 12 cm haben. Für die Wand benötigen Sie eine größere Menge Ton, den Sie zunächst auf Zeitung und Brett flachklopfen und auswellen.

Setzen Sie die Tonstücke aneinander, verstreichen Sie die Fugen und rollen sie mit dem Wellholz glatt, bis eine Fläche, 1 cm dick, 40 cm lang und 21 cm hoch, entstanden ist. Mit dem Küchenmesser schneiden Sie die Kanten gerade, setzen die Wand senkrecht um den Boden und verbinden durch festes Andrücken und Verstreichen die Ansatzstellen.

Drehen Sie das Gefäß vorsichtig um, und verbinden Sie durch Verstreichen mit dem Zeigefinger den Boden mit der Wand. Wieder auf den Boden gestellt, nehmen Sie für den Innenraum eine kleine Tonrolle zu Hilfe, um sie in der Fuge zu verstreichen. Als gleichmäßigen Abschluß setzen Sie eine Tonrolle auf den oberen Rand, verbinden sie zum Ring und klopfen sie mit den Fingern etwas flach. Am Innenrand verstreichen Sie die Fuge mit der Zeigefingerspitze.

Nun fehlt nur noch die Verzierung. Einmal habe ich durch einfaches Aufdrücken von Stamm, Zweigen, Blättchen und Trauben einen Rebstock aufmodelliert, und einmal habe ich mit einem Flaschendeckel und einem Pinsel- und Gabelstiel Muster eingedrückt. Die Weinkühler werden nur einmal bei 950° C gebrannt.

- ○ Ton beim Auswellen oft wenden und nasses Zeitungspapier wechseln.
- ○ Den fertigen Weinkühler vor der Benutzung eine Weile in kaltes Wasser legen, abtrocknen.

Broschen und Anhänger
Abb. Seite 9

Material

Weißer, unschamottierter Ton
Engobe
transparente, farblose Glasur
Knopflochgarn
Broschennadeln
Klebstoff (z.B. UHU plus endfest 300)
Heizdraht

Hilfsmittel

Wellholz
Zeitung
Stricknadel, Stärke 3,5
kleine Ausstechförmchen
Küchenmesser

Anleitung

Für die Anhänger und die Broschen, die nicht einzeln geformt werden, rollen Sie den Ton mit dem Wellholz 1 bis 1,5 mm dick auf Zeitung aus. Hierbei müssen Sie den Ton oft wenden und immer wieder neues Zeitungspapier nehmen, weil es sonst zu feucht wird und anklebt. Mit den kleinen Förmchen wird der Ton ausgestochen. Nehmen Sie jedes einzelne Teil in die Hand und drücken mit den Fingerspitzen die Kanten flach.

Nach leichtem Antrocknen stechen Sie mit der Stricknadel ein Loch ein, wobei Sie darauf achten sollten, daß das Gewicht beim Hängen gleichmäßig verteilt ist. Anschließend glätten Sie die Rückseite mit dem Küchenmesser.

Elefanten, Hasen, Katzen, Schäfchen und Mäuse sind aus einzelnen Teilen zusammengesetzt. Sie können dies anhand der Zeichnung auf Seite 8 leicht nachvollziehen.

Für den Igel wurde die Schweinchenform mit dem Küchenmesser etwas verändert, Schnauze und Ohr aufgesetzt. Die Tierfiguren wurden mit Engobe bemalt, nach dem Schrühbrand glasiert. Hierbei werden die Anhänger ganz in die gut aufgerührte Glasur getaucht und die Löcher mit Hilfe einer Stricknadel gereinigt. Anschließend werden sie auf Heizdraht gereiht – weit genug voneinander entfernt, daß sie nicht aneinanderbacken – und auf Stützen gehängt noch einmal bei 1050° C gebrannt. Achten Sie bitte darauf, daß bei den Broschen nur die Oberseiten in die gut aufgerührte Glasur getaucht werden dürfen, andernfalls muß die Unterseite wieder gereinigt werden.

Nun müssen noch die Fäden zum Aufhängen und die Broschennadeln zum Anstecken angebracht werden.

Tip

○ Broschennadeln werden einzeln und in größeren Mengen angeboten. Achten Sie auf gute Qualität und Sicherheitsverschluß.
○ Beim Einstechen des Loches auf Gleichgewicht achten.
○ Anhänger: Auf Heizdraht, der auf zwei Stützen aufgehängt wird, brennen.

8

Bunter Hahn

Material

Weißer, fein schamottierter Ton
Unterglasurfarbe
transparente, farblose Glasur

Hilfsmittel

Flaches Brett
Zeitung
Wellholz
Küchenmesser
Pinsel

Anleitung

Für die Rückwand klopfen Sie mit dem Handballen
ein Stück Ton knapp 1 cm dick auf ein Brett, das mit
Zeitung belegt ist, und glätten es mit dem Wellholz.
Vielleicht muß durch Abschneiden oder Ansetzen
noch ein wenig mit Ton korrigiert werden, damit die

Form und die gewünschte Größe stimmen. Auf die
gleiche Weise fertigen Sie zwei entsprechend große
halbkreisförmige Tonteile, aus denen Sie die bauchi-
ge Tasche formen. Die Ansatzstellen müssen fest
angedrückt und miteinander verstrichen werden.
Um die Form zu erhalten, kann es notwendig sein,
dünne Tonröllchen in die Fugen zu verstreichen.
Nun setzen Sie Kopf, Beine und Schwanzfedern an,
verstreichen die Ansatzstellen und verzieren den
Hahn. Mit dem Pinselende bohren Sie die Löcher
zum Aufhängen.
Nach dem Trocknen und dem Schrühbrand wurde
dieser Hahn mit Unterglasurfarbe bemalt. Mit einer
transparenten Glasur überzogen wird der Scherben
noch einmal gebrannt.

Tip

○ Beim Trocknen sollten Sie die Beine vorsichtig
  beschweren, damit sie sich nicht nach oben
  biegen.
○ Die Aufhängelöcher von Glasur reinigen.

Glöckchen

Material

Weißer, unschamottierter Ton
Engobe
transparente, farblose Glasur
Aufhängefaden

Hilfsmittel

Zeitung
Ausstechförmchen
Stricknadel
Pinsel

Anleitung

Je nach der gewünschten Größe formen Sie eine Tonkugel und drücken an einer Stelle den Daumen hinein. Nun formen Sie eine Glocke, indem Sie die Wandung mit Daumen und Fingern gleichmäßig ausweiten.
Je dünner und gleichmäßiger die Wand ist, desto schöner klingt die Glocke.

Mit einem Ausstechförmchen ist der Hahn geformt. Glätten Sie die Ränder. Setzen Sie ihn mit etwas Schlicker auf das Glöckchen und streichen den Ansatz glatt.
Nun müssen noch die beiden Löcher neben dem Hahn mit der Stricknadel eingestochen und eine Perle als "Klöppel" hergestellt werden.

Jetzt sollte eigentlich mit Engobe bemalt werden. In diesem Fall ist es jedoch besser, diesen Arbeitsschritt nach dem Schrühbrand vorzunehmen, weil das Glöckchen dann besser angefaßt werden kann.
Nach dem Bemalen tauchen Sie die Glocke in die gut aufgerührte Glasur. Anschließend werden der untere Rand und die Löcher für den Aufhängefaden gereinigt. Die Glocke wird bei 1050° C gebrannt. Befestigen Sie die Perle, indem Sie die beiden Fadenenden durch die Löcher führen und hinter dem Hahn zusammenbinden.

Tip

○ Der untere Rand und die Löcher müssen frei von Glasur sein.

Hühnchen und Hähnchen

Material

Weißer, unschamottierter Ton
rote Unterglasurfarbe
transparente, farblose Glasur

Hilfsmittel

Zeitung
Pinsel

12

Anleitung

Diese Tierfiguren formen Sie mit den Fingerspitzen aus Kugeln. Drei winzige Tonkügelchen werden zum Kamm, zwei kleine aufgedrückte "Tropfen" zu Lappen und eine winzige Raute, mit dem Pinselstiel festgedrückt, zum Schnabel modelliert. Der Hahn bekommt noch Schwanzfedern, die aus spitz zulaufenden Tonwülsten gearbeitet sind, deren Enden auf dem Hinterteil des Körpers verstrichen werden. Kamm und Lappen malen Sie nach dem Schrühbrand mit roter Unterglasurfarbe an. Anschließend die Tierfiguren in Glasur eintauchen, die Standfläche dabei freihalten oder gut reinigen und noch einmal bei 1050° C brennen.

Tip

○ Auf gute Standfläche achten.

Huhn und Hahn

Material

Roter, grob schamottierter Ton

Hilfsmittel

Flaches Brett
Zeitung
Küchenmesser
Pinsel
Steine zum Beschweren

Anleitung

Zuerst legen Sie die Grundform für das Huhn bzw. den Hahn aus gerollten Tonwülsten und klopfen sie mit den Fingern etwas flach. Dann setzen Sie Beine, Krallen, Kopf, Kamm, Lappen und Federn an. Alle Ansatzstellen werden durch Verstreichen fest miteinander verbunden. Nachdem der Kopf mit Auge und Schnabel versehen wurde, können Sie mit der Verzierung beginnen.

Der Ton sollte so weich sein, daß er alles mit sich machen läßt. Mit geeigneten Hilfsmitteln werden Muster eingedrückt oder geformte Verzierungen aufgesetzt. Zum Trocknen beschweren Sie den Ton vorsichtig mit verschieden großen und flachen Steinen. Danach wurde nur einmal bei 950° C gebrannt.

Tip

○ Zum Trocknen mit Steinen beschweren.

Haustürschild

Material

Weißer, unschamottierter Ton
Engobe
transparente, farblose Glasur

Hilfsmittel

Zeitung
flaches Brett
Küchenmesser
Pinsel
Stricknadel
Steine zum Beschweren

Anleitung

Je nach Größe des Türschilds wählen Sie die Tonmenge. Klopfen Sie den Ton mit dem Handballen auf der Zeitung in die gewünschte Form. Der Rand wird, wenn nötig, mit dem Küchenmesser korrigiert und mit feuchtem Finger geglättet. Nun formen Sie mit sehr dünnen Tonröllchen den Namen. Die Röllchen und feinen Verzierungen bleiben geschmeidig, wenn Sie Ihre Hände ein wenig eincremen. Um den Namen herum ordnen Sie die Verzierung an und bohren die Aufhängeöffnung.

Das Schild wird mit Engobe bemalt. Zum Trocknen beschweren Sie die Ränder mit glatten Steinen, damit es sich nicht verbiegt. Nach dem Schrühen wird glasiert, die Aufhängelöcher reinigen und nochmals bei 1050° C brennen.

Tip

○ Beim Rollen der dünnen Tonröllchen die Hände etwas eincremen.
○ Beim Trocknen den Rand des Schildes beschweren.
○ Löcher von Glasur freimachen!

Eierbecher

Material

Weißer, unschamottierter Ton
Engobe
transparente, farblose Glasur

Hilfsmittel

Pinsel
Ei zum Messen

Anleitung

Aus einer Kugel von ca. 45 mm ⌀ drücken Sie mit Daumen und Fingerspitzen möglichst gleichmäßig die Form für den Eierbecher. Für das angedeutete Köpfchen formen Sie eine kleine Wölbung aus. Drei kleine Kügelchen aneinandergesetzt und verstrichen ergeben den Kamm, zwei fest angedrückte "Tropfen" die Lappen. Für den Schnabel legen Sie ein an beiden Seiten spitz zulaufendes, kleines Plättchen auf und befestigen es, indem Sie mit dem Pinselende die Schlundöffnung eindrücken. Zwei winzige Kügelchen dienen als Augen. Drei kleine Rollen, je 4 cm lang, klopfen Sie flach und rollen sie am oberen Ende auf, setzen sie am Hinterteil nebeneinander an und verstreichen die unteren Enden auf die Becherform. Achten Sie darauf, daß das Huhn eine gute Standfläche bekommt. Sie muß frei von Glasur bleiben.
Mit Engobe wird auf den noch feuchten Ton gemalt. Nach dem Trocknen und dem Schrühbrand glasieren und bei 1050° C noch einmal brennen.

Tip

○ Auf gute Standflächen achten!
○ Standflächen frei von Glasur halten!

Lichthäuschen mit Baum

Material

Roter, grob schamottierter Ton
farbige Glasur
Teelichter
Christbaumkerzen

Hilfsmittel

Zeitung
flaches Brett
Küchenmesser
Batterie, 13 mm ⌀
Pinsel

Anleitung

Für das Häuschen nehmen Sie jeweils eine Kugel von der Größe eines Tennisballs und rollen sie zur Walze. Nun drücken Sie an einem Ende einen Daumen hinein und formen durch das Ausweiten mit Daumen und Fingern gleichmäßig die Wandung oben zur Kuppel. Eine kleinere Kugel, sie muß nicht gleichmäßig sein, klopfen Sie flach. Die Fläche bestreichen Sie mit Schlicker und setzen sie als Dach auf. Eine noch kleinere Kugel mit Daumen und Zeigefinger zum Schornstein formen, unten mit Schlicker bestreichen und fest auf das Dach andrük-ken. Nun schneiden Sie die Fenster aus und setzen Fensterkreuze bzw. Verstrebungen auf, indem Sie die Enden der ausgerollten Tonwülste auf den Wänden verstreichen. An der Hinterseite werden die Tore herausgeschnitten, durch die die Teelichter einge-setzt werden. Diese drei Häuschen werden in feuchtem Zustand fest aneinandergedrückt und somit verbunden. An das äußere Haus modellieren Sie den Baum. Die Äste dürfen über die anderen Häuser ragen. Formen Sie die Blättchen, und setzen Sie sie an. Mit der Batterie werden Löcher für die Kerzen in die Äste gedrückt. Sie sollten nicht über den Teelichtern angebracht werden, da die Kerzen durch die Hitze schmelzen würden.

Nun benötigt das Lichthäuschen noch einen Unter-satz. Dazu klopfen Sie eine größere Menge des gleichen Tons auf ein mit Zeitung ausgelegtes Brett und formen es mit Küchenmesser und angefeuchte-ten Fingern. Nach dem Trocknen und dem Schrüh-brand werden das Dach des Hauses, die Blätter sowie die Äste des Baumes mit Glasur eingepinselt und noch einmal bei 1050° C gebrannt. Wenn später die Kerzen angezündet sind, kann man ein paar Tropfen Duftöl (z.B. Lavendelöl) mit Wasser vermischt in den Schornstein geben, so scheint der Schornstein zu rauchen und das Lavendelöl verströmt einen ange-nehmen Duft.

Tip

○ Kerzenlöcher im Baum nicht über dem Stand der Teelichter anbringen. Die Kerzen werden durch die entstehende Hitze weich.

Hausnummer

Material

Weißer, fein schamottierter Ton
dunkelbrauner, unschamottierter Ton
transparente, farblose Glasur

Hilfsmittel

Flaches Brett
Zeitung
Küchenmesser
Pinsel

Anleitung

Aus fein schamottiertem Ton rollen Sie eine lange Tonwulst von ca. 2 cm $\varnothing$. Daraus formen Sie die gewünschte Hausnummer. Soll ein spitzer Winkel entstehen, wie hier bei der Eins, so nehmen Sie das Küchenmesser zu Hilfe und schrägen die Ansatzstellen ab. Drücken Sie alle Teile, die zusammengefügt werden, fest aneinander, und verstreichen Sie sie glatt. Die Verzierung ist aus einer anderen Tonfärbung, das erspart die Bemalung. Zuerst legen Sie die Stiele auf, dann formen Sie die kleinen Blättchen und befestigen sie durch leichtes Andrücken. Die Blümchen bestehen aus sehr kleinen Kügelchen, die einfach mit der Fingerspitze angedrückt werden. Anschließend formen Sie Nest und Vögelchen und drücken beides mit dem Pinselstiel fest. Mit dem Pinselstiel können Sie auch die Aufhängelöcher bohren. Der Ton wird zum Trocknen vorsichtig beschwert. Nach dem Schrühbrand tauchen Sie nur die Oberseite in gut aufgerührte Glasur. Die Aufhängelöcher werden von der Glasur gereinigt und die Hausnummer nochmals bei 1050° C gebrannt.

Tip

○ Hausnummer vorsichtig beim Trocknen beschweren, damit sie sich nicht verzieht.
○ Löcher zum späteren Befestigen nicht vergessen!
○ Löcher von Glasur freimachen!

Geburtstagsring

Material

Weißer, unschamottierter Ton
Unterglasurfarbe
transparente, farblose Glasur

Hilfsmittel

Flaches Brett
Zeitung
Küchenmesser
Batterie, 13 mm $\oslash$
Steine zum Beschweren

Anleitung

Rollen Sie eine 52 cm lange und 18 mm dicke Tonwulst aus, schneiden die Enden glatt ab und fügen sie fest zu einem Ring zusammen. Die Ansatzstelle wird glatt verstrichen. Klopfen Sie den Ring etwas flach auf ein mit Zeitung belegtes Brett und drücken mit einer Batterie die Löcher für die Kerzen ein. Danach können Sie den Ring beliebig verzieren. Die Tierchen und Blumen sind mit Unterglasurfarbe bemalt. Zum Trocknen den Ring mit Steinen beschweren. Nach dem Schrühbrand tauchen Sie die Oberseite des Ringes in gut aufgerührte Glasur und brennen nochmals bei 1050° C.

Tip

○ Beim Trocknen beschweren.

Blumenliesel

Material

Roter, grob schamottierter Ton

Hilfsmittel

Tischränderscheibe oder umgedrehter Topf
flaches, wenn möglich rundes Brett
Zeitung
Küchenmesser
Spachtel
Stricknadel

Anleitung

Für die Blumenliesel rollen Sie zunächst drei ca. 4,5 cm dicke Tonwülste. Die erste ist etwa 58 cm lang, die beiden anderen jeweils etwas kürzer. Legen Sie

diese, schon rundlich gebogen, auf Zeitungspapier und klopfen sie gleichmäßig flach, so daß ca. 15 mm dicke Streifen entstehen. Die beiden Enden der Streifen schneiden Sie glatt ab.

Auf einem mit Zeitung belegten, drehbaren Untersatz fügen Sie die Streifen zu einem kegelartigen Körper zusammen. Der erste Streifen wird fest zu einem Ring geformt und die Fuge verstrichen. Nacheinander die folgenden Ringe aufsetzen. Alle Ansatzstellen werden fest und glatt miteinander verbunden, indem Sie diese mit den Fingerspitzen und anschließend außen mit einem Spachtel verstreichen. Bisher hat, zum Verstreichen der Innenfläche, Ihre Hand noch durch die obere Öffnung gepaßt. Nun klopfen Sie die Öffnung etwas enger und setzen einen Ring auf, den Sie wiederum durch Verstreichen fest mit dem Tonkörper verbinden.

Für den Kopf formen Sie eine Kugel in der Größe eines Tennisballs, klopfen sie flach und formen daraus eine Schale. Setzen Sie diese auf den Kegel, und verbinden Sie beide Teile, indem Sie eine

Tonrolle fest in die Fuge verstreichen. Ein breiter Ring wird noch aufgesetzt, dann kann der Kopf schön ausgeformt und das Gesicht modelliert werden.

Die Taschen bestehen aus jeweils zwei halbkreisförmigen Tonteilen. Setzen Sie zunächst die gerade Seite, leicht gebogen, an den unteren Rockrand und verbinden die Ansatzstellen mit Hilfe eines Tonröll-

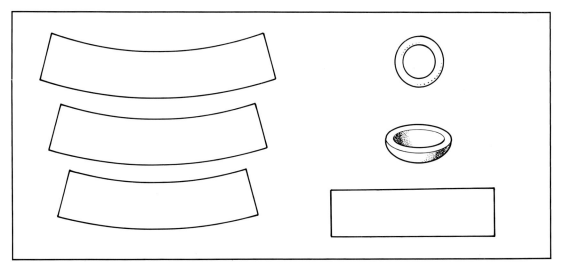

chens, das Sie in die Fuge streichen. Das zweite Tonteil wird angesetzt, diesmal mit der geraden Kante nach oben. Verstreichen Sie die Ansatzstellen fest und glatt.

Die Arme bestehen aus einer 24 cm langen Tonwulst, die Sie auf ca. 9 cm Breite flachklopfen, oben rund und unten schräg schneiden und, leicht rundgebogen, durch Festdrücken und Verstreichen am Körper befestigen.

Die Hände werden im Ärmel angesetzt, gut verstrichen und auf die Tasche gestützt.
Für den Kragen rollen Sie eine ca. 1 cm dicke Tonschnur, ca. 50 cm lang, die an beiden Enden spitz zuläuft. Mit dieser Schnur legen Sie die Kragenform und verstreichen mit der Fingerspitze nur den inneren Rand auf den Körper. Um den Hals kommt noch ein Bündchen, das nur nach unten hin verstrichen wird.
Nun fehlen noch die Knöpfe und die Schleife. Sie werden geformt und aufgedrückt. Mit der Stricknadel stechen Sie die Knopflöcher ein. Nach sorgfältigem Trocknen wurde diese Blumenliesel bei 950° C gebrannt.

Tip

○ Vor dem Brand muß die Blumenliesel gleichmäßig getrocknet sein. Deshalb auch eine Zeitlang auf den Kopf stellen.

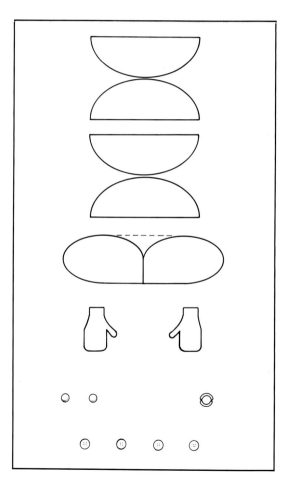

Serviettenring mit Namen

Material

Weißer, unschamottierter Ton
rote und blaue Unterglasurfarbe
transparente, farblose Glasur

Hilfsmittel

Zeitung
Küchenmesser
Pinsel

Anleitung

Auf der Tischplatte rollen Sie mit den Fingern eine gleichmäßige Tonwulst von 8 mm ⌀ . Messen Sie 18 cm Länge ab, schneiden Sie die Enden glatt ab und fügen sie fest zu einem Ring zusammen. Die Ansatzstelle wird sorgfältig verstrichen, so daß sie nicht zu sehen ist. Nun klopfen Sie den Ring mit den Fingern etwas flach. Aus ganz dünn gerollten Tonwülsten formen Sie den Namen. Hierbei sollten Sie immer wieder ganz wenig Creme für die Hände benutzen. Dadurch bleibt der Ton geschmeidig, er würde sonst zu schnell trocknen und brechen. Die aufgelegten Namen werden angedrückt und nach Belieben verziert. Nach dem Schrühbrand bemalen Sie die Ringe mit Unterglasurfarbe, anschließend glasieren und bei 1050° C brennen.

Tip

○ Hände zum Rollen der Tonwülste einfetten.

Gänse

Material

Weißer, unschamottierter Ton
rote Unterglasurfarbe
transparente, farblose Glasur

Hilfsmittel

Zeitung
Pinsel

Anleitung

Zunächst formen Sie eine Kugel in den Händen. Beim Hin- und Herrollen auf der Tischplatte mit leichtem Druck auf nur eine Hälfte der Kugel entsteht eine Keulenform. Aus dieser Form modellieren Sie einen Gänsekörper. Achten Sie auf eine gute Standfläche. Für die Augen drücken Sie nur eine kleine Vertiefung mit dem Pinselstiel ein. Der Schnabel ist angesetzt und nur an der Unterseite mit dem Hals verstrichen. Nach dem Schrühbrand wurde der Schnabel mit roter Unterglasur bemalt, dann werden die Gänse glasiert und noch einmal bei 1050° C gebrannt.

Tip

○ Auf gute Standfläche achten!

CHRISTOPHORUS FREIZEITPROGRAMM

Brunnen-Reihe
Bunte Bändchen zum Basteln und Werken

Reihe „Hobby & Werken"
Ausführliche Kurse in kreativen Techniken

Vorlagenmappen
Originalgroße Vorlagen zu einzelnen Themen

Video-Kurse
Kreative Beschäftigungen mit Hilfe des neuen Mediums

Kleine Malschule
Eine Einführung in die Kunst des Malens

Kleine Zeichenschule
Die Grundlage des Zeichnens in präzisen Beispielen

Fordern Sie unseren ausführlichen Freizeit-Prospekt an

Christophorus-Verlag 7800 Freiburg

Die Deutsche Bibliothek –
CIP-Einheitsaufnahme

Keramik: Geschenkideen /
Elisabeth Baldes. – Freiburg im Breisgau:
Christophorus-Verlag, 1992
(Brunnen-Reihe; 52669)
ISBN 3-419-52669-5
NE: GT

Styling und Fotos: Ulrike Schneiders,
Lindau
Reinzeichnungen: Anne Marie Friedel
Umschlaggestaltung: Michael Wiesinger
Reproduktionen: Schaufler, Freiburg i.Br.
Herstellung: Freiburger Graphische
Betriebe 1992